Inhalt

Krebsmedikamente - Die Pharmabranche lebt gut, die Patienten länger

Kernthesen

Beitrag

Fallbeispiele

Zahlen und Fakten

Weiterführende Literatur

Impressum

GENIOS BranchenWissen Nr. 06/2008 vom 23.06.2008

Krebsmedikamente - Die Pharmabranche lebt gut, die Patienten länger

Autor GENIOS BranchenWissen: A.Schneider

Kernthesen

- Krebsmedikamente wurden im vergangenen Jahr erstmals zur wichtigsten Einzelkategorie der Pharmabranche. Sie haben jetzt einen Anteil von rund sechs Prozent am gesamten Arzneimittelmarkt.
- Der Weltmarkt für Krebsarzneien wächst um 12 bis 15 Prozent pro Jahr und damit etwa doppelt so schnell wie der gesamte Pharmamarkt.
- Zu den erfolgreichsten Krebsmitteln der vergangenen Jahre zählen Avastin von Roche und das Konkurrenzprodukt Erbitux von Merck. Roche ist mit 15 Milliarden

Dollar Onkologie-Umsatz Marktführer.

Beitrag

Mildred Scheel rief die Deutsche Krebshilfe ins Leben und machte sie populär. In diesem Monat findet zum dritten Mal die Mildred Scheel Cancer Conference der Deutschen Krebshilfe statt.

Auf dieser internationalen Tagung auf dem Petersberg bei Bonn informieren sich etwa 160 Teilnehmer über den aktuellen Stand der Onkologie. Wichtige Themen sind dieses Jahr unter anderem die genetischen Ursachen der Krebsentstehung, neue Therapiestrategien und die Rolle von Tumorstammzellen bei Krebs.

Lungenkrebs weltweit häufigste Krebserkrankung

Männer werden durchschnittlich 76,6 Jahre alt, Frauen sogar 82,1 Jahre. Die mit Abstand häufigsten Todesursachen sind Krankheiten des Kreislaufsystems (43,7 Prozent) und Krebserkrankungen (26,4 Prozent). (1)

Die Krebszahlen, die von der Deutschen Krebshilfe e.V. veröffentlicht werden, sind erschreckend: Jedes Jahr erkranken in Deutschland 436 000 Menschen neu an Krebs, 211 500 Menschen sterben jährlich daran. 1 800 Kinder und Jugendliche unter 15 Jahren trifft jedes Jahr die Diagnose Krebs.
In Deutschland ist bei den Männern der Prostatakrebs die häufigste Krebsart mit rund 58 570 Neuerkrankungen im Jahr. Bei den Frauen ist Brustkrebs am stärksten verbreitet; jährlich erkranken 57 230 Frauen in Deutschland neu daran. Auf Rang zwei und drei folgen in beiden Gruppen Darm- und Lungenkrebs. Der Darmkrebs ist die dritthäufigste Tumorerkrankung, sie fordert in Deutschland pro Jahr 30 000 Opfer. Mit über 40 000 Todesfällen pro Jahr ist Lungenkrebs die vierthäufigste Todesursache in Deutschland. Bundesweit erkranken jährlich etwa 33 000 Menschen neu.
Die häufigsten Krebserkrankungen im Kindesalter sind Leukämien (Blutkrebs), Tumoren des Gehirns und des Rückenmarks sowie Lymphknotenkrebs.

Weltweit erkrankten im Jahr 2000 weltweit mehr als 10 Millionen Menschen neu an Krebs, lebten mehr als 22 Millionen Menschen mit Krebs und starben weltweit 6,2 Millionen Menschen durch Krebs. Lungenkrebs ist weltweit die häufigste Krebserkrankung.

Die besten Heilungschancen haben Brust-, Gebärmutterhals-, Prostata-, Darm- und Hautkrebs vorausgesetzt sie werden früh genug erkannt. (2), (3)

Für 2008 prognostiziert die Gesetzliche Krankenversicherung (GKV) Arzneimittelausgaben in einer Gesamthöhe von 30,5 Milliarden Euro. Das bedeutet gegenüber dem Vorjahr ein Plus von 7,9 Prozent bzw. 2,2 Milliarden Euro. Dabei schlägt die ambulante Therapie von Krebserkrankungen mit einer Ausgabensteigerung um rund 320 Millionen Euro zu Buche. Übertroffen wird sie von der Steigerung bei den Ausgaben für Impfstoffe, die 490 Millionen Euro betragen. (4)

Krebsmedikamente: Größte und wachstumsstarke Kategorie im Arzneimittelmarkt

Der Krebs ist leider oft ein wachstumsträchtiges Geschwür, die Arzneimittel zur Behandlung von Krebs gehören zu den wachstumsstärksten Märkten der Pharmabranche. Die Pharmaindustrie kann den Patienten zwar bis heute kein Medikament anbieten, das die Krankheit definitiv besiegen kann. Doch es gibt Mittel, die die Aggressivität des Krebses bremsen und die Folgen mildern können.

Krebsmedikamente haben einen Anteil von rund sechs Prozent am gesamten Arzneimittelmarkt. Damit wurden sie im vergangenen Jahr erstmals zur wichtigsten Einzelkategorie der Pharmabranche. Der Markt für Krebsmedikamente ist heute rund 40 Milliarden Dollar schwer. Das Marktforschungsinstitut IMS Health erwartet, dass in vier bis fünf Jahren der Umsatz mit Krebsmedikamenten auf 75 bis 80 Milliarden Dollar anwachsen wird. Damit wächst der Weltmarkt für Krebsmedikamente um 12 bis 15 Prozent pro Jahr und etwa doppelt so schnell wie der gesamte Pharmamarkt. (5), (6)

Krebsforschung: Viel Geld und langer Atem erforderlich

Diese Wachstumsprognosen sind verlockend. Daher steckt nach Angaben des Verbandes der forschenden Arzneimittelhersteller (VFA) die Pharmabranche rund ein Viertel ihrer Entwicklungstätigkeiten in die Krebsforschung.

Die Wissenschaftler und die hinter ihnen stehenden Konzerne brauchen einen langen Atem. Es dauert seine Zeit, bis ein neues Krebsmedikament entwickelt und erfolgreich auf den Markt gebracht ist. Neue Wirkstoffe werden in langen klinischen Testphasen auf Herz und Nieren geprüft und erhalten ihre erste Zulassung meist nur für ein limitiertes Einsatzspektrum. Die Erfahrung zeigt, dass ein Mittel, das bei einer Krebsart gute Wirkung zeigt, bei anderen Krebsarten versagen kann. So bewährte sich beispielsweise das Nierenkrebsmedikament Nexavar von Bayer auch bei Leberkrebs, nicht aber bei Lungenkrebs.

Das Marktforschungsinstitut IMS Health rechnet damit, dass in den nächsten fünf Jahren 25 bis 30 neue Wirkstoffe marktreif werden könnten. Der amerikanische Pharmaverband gibt an, dass sich derzeit in den USA circa 750 Wirkstoff-Kandidaten in der klinischen Entwicklung befinden. Mehr als 4 000 Studien und Forschungspapiere wurden Ende Mai auf dem diesjährigen ASCO-Meeting, dem weltweit wichtigsten Kongress der Krebsmediziner, präsentiert. (7)

Die Krebsforschung in der Europäischen Union steht gerade in der Kritik. Es werde unnötig viel Geld ausgegeben, die Forschungsvorhaben einzelner Länder seien unzureichend aufeinander abgestimmt. Zu diesem Ergebnis kommt eine von der EU mit drei Millionen Euro finanzierten Studie und fordert, künftig nationale Vorhaben besser zu koordinieren. (8)

Krebsdiagnose: Biomarker sollen Krebstherapie effizienter machen

Eine möglichst exakte Diagnose macht die anschließende Krebstherapie erfolgreicher. Essentiell sind dabei die Fortschritte der modernen Genomforschung und der Zellbiologie. Durch deren neuere Erkenntnisse sind wesentliche Störungen im Erbgut und im zellulären Stoffwechsel von Krebszellen entschlüsselt worden. Im Fokus der Krebs-Forscher stehen unter anderem die so genannten Tumorstammzellen. Vieles deutet darauf hin, dass diese Zellen für das Wachstum eines Tumors verantwortlich sind. Das Ziel der Wissenschaftler ist es daher, die grundlegenden Eigenschaften von Tumorstammzellen aufzuschlüsseln, um diese letztlich gezielt zu zerstören und so das Fortschreiten eines Tumors zu verhindern.

Der Patient soll irgendwann genau das Medikament mit dem Wirkstoff erhalten, das zu ihm und seinem Krebs am genauesten passt. Durch neue diagnostische Marker, so genannte Biomarker, sollen die Krebsbehandlungen künftig zielgerichteter werden. Sie sollen Hinweise geben, wie aggressiv der Krebs ist und wie gut ein Medikament wirken könnte. Musterbeispiel dafür ist das so genannte "Her2"-Gen. Ist dieses bei Brustkrebspatientinnen übermäßig aktiv und damit auch der "Her2"-Rezeptor übermäßig stark auf der Zelloberfläche vertreten, gilt der Krebs einerseits als besonders gefährlich. Andererseits ist bei dieser Variante aber auch das Medikament Herceptin besonders wirksam. (7)

Ein anderes Beispiel ist der Darmkrebs. Mit einer frühzeitigen Diagnose könnte jeder zweite Patient gerettet werden. Ein neuer Bluttest könnte künftig Tumoren des Dick- und Enddarms schon im Frühstadium nachweisen. Das zeigt eine Studie, die Forscher des Universitätsklinikums Bonn und der US-amerikanischen John-Hopkins-Universität jetzt im Journal of Cellular Biochemistry veröffentlicht haben. Der Test schlägt Alarm, wenn das Dickdarm-spezifische Antigen CCSA-2 im Blut der Patienten gehäuft vorkommt. (9)

Fazit

Die Krebserkrankung ist die zweithäufigste Todesursache in Deutschland. Weltweit sterben jährlich über sechs Millionen Menschen daran. Die Forscher arbeiten fieberhaft daran, die Ursachen von Krebs immer besser zu verstehen und die Diagnose- und Therapiemöglichkeiten zu verbessern. Dass die Pharmaindustrie hierbei ein Riesengeschäft wittert und zum Teil bereits macht, ist logisch. Und die meisten Patienten sind dankbar für ein bisschen mehr Lebenszeit.

Fallbeispiele

Zu den erfolgreichsten Krebsmitteln der vergangenen Jahre zählen Avastin und das Konkurrenzprodukt Erbitux.

Avastin

, zugelassen für Brust-, Lungen- und Darmkrebs, wird vom Schweizer **Roche**-Konzern und seiner amerikanischen Tochtergesellschaft **Genentech** angeboten. Im vergangenen Jahr lag der Umsatz mit Avastin bei 2,3 Milliarden Dollar. Roche vertreibt auch Rituxan und Herceptin und ist mit 15 Milliarden Dollar Onkologie-Umsatz Marktführer. Es folgt

Novartis mit rund sieben Milliarden Dollar Spartenumsatz. Sein im Kampf gegen Leukämie eingesetztes Medikament Glivec zählt zu den umsatzstärksten Krebsmedikamenten. [Abb.1]

Erbitux

vom deutschen Wettbewerber **Merck**, angewandt bei Darm-, Kopf- und Halskrebs, erzielte 2007 einen Umsatz von 470 Millionen Euro (plus 40 Prozent zum Vorjahr). Merck hofft, dass sich das Medikament in Zukunft als Umsatzträger mit mehreren Milliarden Euro im Jahr entpuppen wird. Entwickelt wurde Erbitux vom amerikanischen Biotechnologieunternehmen Imclone. (6), (10), (5)

Pfizer

, der amerikanische Marktführer der Pharmabranche, hat in den vergangenen Jahren ebenfalls stark in die Krebsforschung investiert und ist beispielsweise mit dem Krebsmedikament **Sutent** erfolgreich in der Behandlung bestimmter Formen von Nieren- und Magenkrebs. Sutent brachte 2007 einen Umsatz von 581 Millionen Dollar. (5)

Die Schweizer Firma **Novartis** setzt große Hoffnungen in das Mittel **RAD001**. Es konnte in jüngsten Testergebnissen beweisen, dass es in der Lage ist, das Wachstum eines Tumors bei Nierenkrebs für vier Monate zu stoppen. (5)

Auch **Bayer** hofft auf gute Karten im Krebsgeschäft. Zusammen mit der amerikanischen Firma Onyx entwickeln die Leverkusener das Medikament **Nexavar**. Derzeit wird es eingesetzt bei der Behandlung von Nieren- und Leberkrebs. Nexavar bekämpft Krebstumore, indem es das Wachstum der Tumorzellen mittels Hemmung eines Enzyms stoppt und die Blutversorgung des Tumors stört, indem es in die Gefäßneubildung eingreift. Satte zwei Milliarden Euro Umsatz soll Nexavar bald bringen. Im ersten Quartal dieses Jahres wurden 101 Millionen Euro erreicht, ein kräftige Steigerung gegenüber dem Vorjahresquartal, in dem es noch 47 Millionen Euro waren. (11)

MediGene AG

ließ kürzlich verkünden, dass alle Forschungs- und Entwicklungstätigkeiten sowie der Vertrieb künftig ausschließlich auf die Onkologie und Immunologie ausgerichtet werden. Die Dermatologie hingegen werde nur mehr über Partnerschaften betrieben. Das Unternehmen entwickelt Medikamente gegen Krebs- und Immunerkrankungen. Das Produkt **EndoTAG®** hat in der klinischen Phase II so gute Ergebnisse erzielt, dass das Unternehmen diese strategische Kurskorrektur vornimmt. (12)

Zahlen & Fakten

Top neue Krebsmedikamente nach Umsatz 2006

Medikament	Hersteller	Haupteinsatzbereich	Zulassung Jahr	Umsatz in Millionen Dollar
Glivec	Novartis	Leukämie	2001	2.554
Eloxatin	Sanofi-Aventis	Darmkrebs	2002	2.116
Velcade	Johnson & Johnson	Leukämie	2003	k.A.
Tarceva	Roche, OSI	Lungenkrebs	2004	656
Alimta	Eli Lilly	Lungenkrebs	2004	612
Avastin	Roche, Genentech	Darmkrebs	2004	2.389
Erbitux	Merck KGaA, BMS	Darmkrebs	2004	1.075
Nexavar	Bayer	Nierenkrebs	2005	163
Revlimid	Celgene	Leukämie	USA 2005	320
Sutent	Pfizer	Nierenkrebs	2006	219
Vectibix	Amgen	Darmkrebs	USA 2006*	39
Sprycel	BMS	Leukämie	USA 2006*	11
Tykerb	Glaxo-SmithKline	Brustkrebs	USA 2007	k.A.
Torisel	Wyeth	Nierenkrebs	USA 2007	k.A.

* EU abgelehnt   GBI-Genios Grafik

Quelle: American Cancer Society; PhRMA

Entnommen aus: Handelsblatt, Nr. 173 vom

07.09.2007, S. 20

Weiterführende Literatur

(1) D: Zigarettenkonsum und Marktstellung der Hersteller 2006-2007
aus Die Tabak Zeitung, 18/2008, S. 10

(2) Deutsche Krebshilfe e.V., Krebszahlen weltweit, www.krebshilfe.de
aus Die Tabak Zeitung, 18/2008, S. 10

(3) Forscher testen Impfstoff gegen Lungenkrebs
aus Handelsblatt Nr. 105 vom 03.06.08 Seite 18

(4) D: Arzneimittelausgaben und -verbrauch 2006, 2008
aus PM-Report, 09/2007, S. 6

(5) Erfolge gegen den Krebs
aus Frankfurter Allgemeine Zeitung, 30.05.2008, Nr. 124, S. 20

(6) Merck hofft auf Krebsmittel
aus Handelsblatt Nr. 104 vom 02.06.08 Seite 13

(7) "Biomarker" treiben Krebstherapie
aus Handelsblatt Nr. 100 vom 27.05.08 Seite 18

(8) Mehr Koordination bei der Krebsforschung angemahnt

aus Ärzte Zeitung Nr. 79 vom 02.05.2008, Seite 8

(9) Bluttest entdeckt Darmkrebs frühzeitig
aus Handelsblatt Nr. 096 vom 20.05.08 Seite 18

(10) Rückschlag für Merck KGaA
aus Frankfurter Allgemeine Zeitung, 03.06.2008, Nr. 127, S. 13

(11) Bayer setzt auf Krebsmittel
aus Handelsblatt Nr. 105 vom 03.06.08 Seite 16

(12) O.V., MediGene fokussiert Strategie auf Onkologie und Immunologie, Bionity.COM News
aus <Medizin> MEZ

Impressum

Krebsmedikamente - Die Pharmabranche lebt gut, die Patienten länger

Bibliografische Information der deutschen Nationalbibliothek

Die Deutsche Nationalbibliothek verzeichnet diese Publikation in der deutschen Nationalbibliografie; detaillierte bibliografische Daten sind im Internet über http://dnb.d-nb.de abrufbar.

ISBN: 978-3-7379-2748-2

© 2015 GBI-Genios Deutsche Wirtschaftsdatenbank GmbH, Freischützstraße 96, 81927 München, www.genios.de

Alle Rechte vorbehalten. Dieses Werk ist einschließlich aller seiner Teile – z.B. Texte, Tabellen und Grafiken - urheberrechtlich geschützt. Jede Verwertung außerhalb der Grenzen des Urheberrechtsgesetzes bedarf der vorherigen Zustimmung des Verlags. Dies gilt insbesondere auch für auszugsweise Nachdrucke, fotomechanische

Vervielfältigungen (Fotokopie/Mikroskopie), Übersetzungen, Auswertungen durch Datenbanken oder ähnliche Einrichtungen und die Einspeicherung und Verarbeitung in elektronischen Systemen.